TARDE

PAULO HENRIQUES BRITTO

Tarde
Poemas

COMPANHIA DAS LETRAS

Copyright © 2007 by Paulo Henriques Britto

Capa
Angelo Venosa

Revisão
Carmen S. da Costa
Ana Maria Barbosa

Dados Internacionais de Catalogação na Publicação (CIP)
Câmara Brasileira do Livro, SP, Brasil

Britto, Paulo Henriques
    Tarde : poemas / Paulo Henriques Britto. — São Paulo : Companhia
das Letras, 2007.

    ISBN 978-85-359-1043-8

    1. Poesia brasileira I. Título.

07-3805   CDD-869.91

Índice para catálogo sistemático:
1. Poesia : Literatura brasileira   869.91

[2007]
Todos os direitos desta edição reservados à
EDITORA SCHWARCZ LTDA.
Rua Bandeira Paulista 702 cj. 32
04532-002 — São Paulo — SP
Telefone (11) 3707-3500
Fax (11) 3707-3501
www.companhiadasletras.com.br

para Santuza
sempre

Op. cit., pp. 164-65	*9*
Matinal	*10*
Balanços	*11*
Noturno com ar-condicionado	*21*
Uma doença	*23*
Poema de Natal	*28*
Cinco sonetetos grotescos	*29*
Gazel	*36*
Gramaticais	*37*
Ossos do ofício	*44*
Quatro autotraduções	*45*
I. Soneto sentimental	
II. Summer sonettino	
III. Tercina	
IV. Soneto simétrico	
Art poétique	*51*
O metafísico constipado	*56*
Três prenúncios	*57*
Para um monumento ao antidepressivo	*63*
Sete peças acadêmicas	*65*
Cinco sonetetos trágicos	*75*
Song without music	*82*
Crepuscular	*83*
Epílogo	*89*
Nota sobre a publicação dos poemas	*91*

OP. CIT., PP. 164-65

"No poema moderno, é sempre nítida
uma tensão entre a necessidade
de exprimir-se uma subjetividade
numa personalíssima voz lírica

e, de outro lado, a consciência crítica
de um sujeito que se inventa e evade,
ao mesmo tempo ressaltando o que há de
falso em si próprio — uma postura cínica,

talvez, porém honesta, pois de boa-
fé o autor desconstrói seu artifício,
desmistifica-se para o 'leitor-

irmão...'" Hm. Pode ser. Mas o Pessoa,
em doze heptassílabos, já disse o
mesmo — não, disse mais — muito melhor.

MATINAL

Nesta manhã de sábado e de sol
em que o real das coisas se revela
na forma nada transcendente
de uma paisagem na janela

num momento captado em pleno vôo
pela discreta plenitude
de não ser mais que um par de olhos
parado no meio do mundo

tantas coisas se fazem conceber
fora do tempo e do espaço
até que o instante se dissolva
enfim em mil e um pedaços

feito esses furos de pregos
numa parede vazia
a insinuar uma constelação
isenta de qualquer mitologia.

BALANÇOS

I

É a estação dos balanços,
renúncias e decisões.
Tudo parece o que é.

A face opaca do mundo
nos encara, fria e cega.
É necessário enfrentá-la

como se escala uma pedra.
É preciso penetrá-la
como se houvesse um lá-dentro.

Frutas hesitam nos galhos
entre despencar de podres
e sacrificar-se aos pássaros.

As feras em suas tocas
mordem as próprias feridas
gestando o próximo bote.

Os utensílios mais díspares —
colher, caneta, revólver —
se oferecem prestimosos

à mão que ousar primeiro.
O mundo retesa os músculos
e prende a respiração.

É a estação dos remates,
dos fechos prenunciados
e palavras sem retorno.

Todo o tempo agora é pouco.
Nenhuma noite se dorme.
A morte tem que esperar.

II

Como saber sem tentar?
Como tentar se é tão fácil
conformar-se de saída
com a idéia de fracasso?

Pois fracassar justifica
o não se ter nem sequer
admitido não querer-se
aquilo que mais se quer.

É um beco sem saída,
mas sempre é melhor que a rua:
mais estreito. Acolhedor.
Vem, entra. A casa é tua.

III

Ah, o haver amanhã —
bela solução
pra todo problema insolúvel —

melhor amigo do homem,
espécie de cão
abstrato, fiel, confiável,

sempre pronto a devorar
sem hesitação
o naco, por mais intragável.

IV

Antídoto contra a vida
e sua graça nefasta:
fugir de todo desejo,
buscar a alegria casta

das abstrações que ostentam
porte másculo e maiúsculo,
que explicam todo o universo
e cabem num magro opúsculo.

V

Não com esta boca —
não que outras bocas conseguissem mais,
não que esta não seja capaz
de dizer o que afinal é tão pouco
para uma boca
qualquer, que seja meramente humana.

Não com estas mãos —
não que estas mãos não saibam tanto
quanto outro par qualquer o mal que cabe
no espaço escasso entre o indicador
e o polegar,

não que esta dor —
particular, inconfundível, única —
esteja além do que esta boca
pode negar,
além do alcance destas mãos
tão hábeis, úteis ou daninhas quanto
outras quaisquer que tenham o simples mérito
de não ser minhas.

VI

É isto que me cabe.
Dentro disto é necessário caber
até que tudo acabe.

Mas há nisso uma espécie de prazer,
uma volúpia esguia,
impalpável, difícil de dizer,

feito uma melodia
que se escutou e depois se esqueceu,
porém retorna um dia,

inconfundível: sim, este sou eu,
e eis aqui o palácio
que construí, e agora é todo meu:

um só andar, um passo
de frente e um de fundo. É um bom espaço.

VII

Um pensamento revirado na cabeça
como uma folha carregada pelo vento.

A folha está em branco, embora um pouco suja,
porém as marcas que a escurecem dizem nada,

e o próprio vento que levanta e arrasta a folha
também diz nada, nada (embora uive tanto).

Mesmo que a folha continue a debater-se
no mesmo vento por cem anos, sem cessar,

as marcas negras contra o fundo outrora branco
continuarão dizendo nada, nada, nada.

A folha traça aleatórios torvelinhos
com a mesma persistência estúpida e implacável

com que dança a idéia na cabeça cansada
dizendo sempre nada, nada, nada, nada.

NOTURNO COM AR-CONDICIONADO

O tédio infinito dos hotéis
de três estrelas, tardes que se estendem
em direção a noites povoadas

por dois ou três garçons indevassáveis
num bar onde nenhum turista húngaro
cochila diante da tevê autista

em que uma locutora silenciosa
exibe a três poltronas de pelúcia
duas fileiras de dentes de carnívora.

UMA DOENÇA

Há doenças piores que as doenças.

FERNANDO PESSOA

I

Há doenças que são mais que doenças,
que não apenas são à vida infensas
como oferecem algumas recompensas

que tornam mais urgente e mais difícil
o já por vezes inviável ofício
de habitar o íngreme edifício

do não-se-estar-conforme-se-devia
e administrar a frágil fantasia
de que se é o que ninguém seria

se não tivesse (insistentemente)
de convencer-se a si (e a toda gente)
que não se está (mesmo estando) doente.

II

O mundo está fora de esquadro.
Na tênue moldura da mente
as coisas não cabem direito.

A consciência oscila um pouco,
como uma cristaleira em falso.
Em torno de tudo há uma aura

que é claramente postiça.
O mundo precisa de um calço,
fina fatia de cortiça.

III

Nenhuma posição é natural.
Qualquer ordenação de pé e mão
e tronco é tão-somente parcial

e momentânea, uma constelação
tão arbitrária e pouco funcional
quanto a Ursa Maior ou o Escorpião.

Nenhuma é estritamente indispensável.
Nenhuma é realmente lenitiva.
Nenhuma é propriamente confortável.
Apenas uma é definitiva.

POEMA DE NATAL

Eis o prazer supremo, que não cansa
jamais: idolatrar o que criamos
à nossa vera imagem e semelhança.

Nada mais digno do mais puro amor
que essa anunciadíssima criança,
em berço ou pálio ou página ou o que for,

desde que seja nossa, e na medida
exata do desejo, nem maior
nem mais funda que a precisa ferida

que para preencher foi ela concebida.

CINCO SONETETOS GROTESCOS

I

É doce, porém se torna azedo
por pura precaução. O olho enorme
jamais se fecha, nem quando dorme.
Se é que dorme. Mas ainda é cedo

pra testar esta ou aquela hipótese.
Segundo alguns, jamais sente medo.
Outros pensam que o olho é uma prótese.

II

Inapetência para os sentimentos,
falta de jeito para o bipedismo.
Porém, tirando isso, o organismo
vai muito bem, funcionando a contento,

e de mais nada tem necessidade
que água, solidão e alimento.
Só isso. Certamente não piedade.

III

Parece frágil, puro celofane,
bolha de sabão, bastão de grafite
0.3. Que ninguém se engane:
basta uma gota de álcool e, acredite,

explodem gritos, risos, impropérios
e furibundas citações de Nietzsche.
O reino mineral tem seus mistérios.

IV

Dorme a família. Este ser (ou objeto)
surge na sala, num surto (ou cio),
rola no chão, nas paredes, no teto,
senhor da noite e do espaço vazio.

Todos acordam. Já nosso odradek
hiberna dobrado — espécie de leque —
dentro do armário mais fundo e secreto.

V

É a mais nova versão do real.
Não tão bela quanto a anterior,
que no último verão fez furor
e não deixou vestígio. É natural.

Esta de agora, tímida e avara,
já bate as asas, feito um estertor,
e alça vôo. É a nossa cara.

GAZEL

Também a verdade nos cansa,
não liberta nem salva: cansa.

É o cansaço dos que cansaram
da obrigação da esperança.

Em casos assim, a razão —
essa almanjarra de faiança

numa beira de aparador
à mercê de mão de criança —

precisa ser bem resguardada
lá onde a vista não alcança.

E coloque-se em seu lugar
coisa mais dura, de sustança,

capaz de melhor resistir
à vida e sua intemperança.

GRAMATICAIS

I

Uma palavra que entre as coisas caminhasse
tal qual um deus incógnito entre os mortais,
sem revelar a sua verdadeira face.

Uma palavra que vivesse na linguagem
perfeitamente engastalhada em meio às coisas,
como a maçã na casca, ou a ervilha na vagem.

Uma palavra que pulsasse sob a derme
como aguarda sem pressa a hora de espocar
de sua cápsula, uma semente ou germe.

Enfim, uma palavra apenas que pudesse
abarcar todo o mundo, e nele não coubesse.

II

Inabitáveis as ilhas
tão plenas de maravilhas

que nos acenam estrídulas
das enumeráveis sílabas

de um esplêndido substantivo
do outro lado do abismo.

III

A sedução das negativas —
essas sereias implacáveis
que se interpõem com seu canto
nos estreitos mais navegáveis

e se oferecem, irresistíveis,
a quem não estava procurando
e o paralisam com perguntas —
pra quê, por quê, quem, como, quando —

até que do mundo só resta
uma casca residual —
esse excremento das palavras
denominado "o real".

IV

Como se houvesse outra voz que não esta,
que sempre diz as únicas palavras
possíveis de dizer a cada instante,

como se cada instante não tivesse
que ser exatamente como é,
como se houvesse escolha. Mas não há.

Este momento — a hora apreendida
entre as garras do depois e do antes —
tinha que ser assim, só porque foi.

O mais é chafurdar no lodo morno
do subjuntivo, sucumbir ao visgo
adocicado do condicional,

esses licores fáceis da gramática.

V

(Mas nada disso faz sentido,
porque é concreto, é existente.
Só significa o construído,
o que é postiço e excedente.

E quanto ao mundo — o que independe
dos artefatos, o que é dado
a todos e ninguém entende —
o mundo vai bem, obrigado,

e não quer dizer coisa alguma.
Porém o jogo continua,
como sempre, é claro — talvez

um pouco mais seco, mais duro,
sim, um pouco mais inseguro.)
Pronto. — Agora é a sua vez.

OSSOS DO OFÍCIO

O que se pensa não é o que se canta.
Difícil sustentar um raciocínio
com a rima atravessada na garganta.

Mesmo o maior esforço não adianta:
da sensação à idéia há um declínio,
e o que se pensa não é o que se canta.

Difícil, sim. E é por isso que encanta.
Há que *sentir* — e aí está o fascínio —
com a rima atravessada na garganta.

Apenas isso justifica tanta
dedicação, tanto autodomínio,
se o que se pensa não é o que se canta,

mesmo porque (constatação que espanta
qualquer espírito mais apolíneo)
a rima atravessada na garganta

é o trambolho que menos se agiganta
nesse percurso nada retilíneo,
ao fim do qual se pensa o que se canta,
depois que a rima atravessa a garganta.

QUATRO AUTOTRADUÇÕES

I

SONETO SENTIMENTAL

O que você chama de amor é isso?
Essa perda do parco tempo e espaço
que ainda te restam, esse desperdício
de esperma? Esse viver sempre em compasso
de espera, sempre com o mesmo desfecho
que te faz dar o que te falta mais?
Que amor mais besta — uma espécie de peixe
palerma, que nada, nada e não sai
do lugar — é isso? Esse diz-que-diz
que não te deixa louco por um triz
e só te inspira mesmo ódio e horror?
Que te machuca tanto que no fim
não dá pra perdoar? É isso? Sim,
é isso que você chama de amor.

II

SUMMER SONETTINO

Seduced and betrayed by words.
The world is a hopeless mess.
My heart is bruised and hurt.
My soul can't bear such treason.
My body couldn't care less.

My thoughts won't go into verse,
my verse refuses to rhyme,
my rhymes are adverse to reason,
and reason's deserted my mind.
Lust is in full season.

My poetry is on the ropes.
My life isn't any better.
There is no god. No hope.
Hmm. Great beach weather.

III

TERCINA

"Vontade, verbo, olho e mão —
com isso faz-se todo um mundo.
O resto é o resto", você diz.

Concordo com o que você diz.
É claro, eu tenho bem à mão
outras quatro versões do mundo —

porém por nada neste mundo
negaria o que você diz.
Cautela e amor se dão as mãos.

O que você diz sobre o mundo?
Me dê sua mão.

IV

SONETO SIMÉTRICO

Será o pavão vermelho? Ora, direis,
este raio não cai mais que uma vez
no mesmo lugar — é a prova dos nove,
é Götterfunken, uma coisa arisca
só dada (e olhe lá!) a quem é jovem,
que ainda guarda em si uma faísca.
Porém, passado o mezzo del camin,
às vezes uma luz fraquinha pisca,
e é como se sumisse uma neblina
que há muito esconde uma paisagem bela.
É ela, sim — pensa você — ali, na
sua frente. Ou talvez a parte dela
que ainda lhe cabe. Encha os pulmões de ar.
Goze esse instante. Ele não vai durar.

ART POÉTIQUE

I

Porrada de problemas — insolúveis,
ça va sans dire — mas o pior é que
mudam sempre de forma, como nuvens
num dia de muito vento — ou um leque
fechando e abrindo — não, a imagem é estúpida,
e não tem nada a ver com essa história;
o símile do leque foi sem dúvida
puxado pela rima — feito "glória"
com "memória" — no entanto, quem garante
que este modo de atrelar pensamentos
seja pior que outro qualquer? que o antes
não possa vir depois? que o encadeamento
tenha que obedecer a algum sistema?
(Mas isso é só o *primeiro* problema.)

II

Diário de viagem sem viagem
ou carta sem nenhum destinatário:
palavras que, no máximo, interagem
com outras palavras do dicionário.

Um escrever que é verbo intransitivo
que se conjuga numa só pessoa.
Um texto reduzido a substantivo
menos que abstrato: se nem mesmo soa,

como haveria de querer dizer
alguma coisa que valesse o vão
e duro esforço de fazer sentido?

Por outro lado, a coisa dá prazer.
Dá uma formidável sensação
(mesmo que falsa) de estar sendo ouvido.

III

Uma forma de vida se anuncia,
ainda hesitante. Mas insistente.
Põe o focinho de fora. Uma esguia
cabeça. Uma pata. Tranqüilamente,
como se não estivesse nem aí.
Agora está à vista de corpo inteiro,
arisca, peluda feito um sagüi,
rabo felpudo de angorá, e um cheiro
talvez de almíscar. O olhar é de cão,
mas a desconfiança é bem felina.
Diante dela, temos a impressão
indefinível que a gente imagina
ter diante de um grifo, ou de uma esfinge.
Só que ela existe. (Ou, pelo menos, finge.)

O METAFÍSICO CONSTIPADO

Não há epifanias nesta noite,
nem escatologias sob a mesa.
O caco de lua que a janela emoldura
dispensa pretensões a inteireza.

Mas diante de tal ânsia de infinito
como pode tão pouco ser bastante?
aos céus ele pergunta, e na terra procura
um bom compêndio e o frasco de purgante.

TRÊS PRENÚNCIOS

I

Não que não haja alternativa
mais palatável, menos áspera,
a estar o tempo todo atento
à aproximação do desastre.

Pode-se voltar a atenção
— apenas pra dar um exemplo —
às minúcias de um organismo,
suas formas, fora do tempo;

ou então — coisa bem mais árida —
acumular seres sem vida
e classificá-los segundo
a cor, a origem, a não-valia;

ou — o que dá menos trabalho —
sufocar numa névoa química
a consciência inconveniente
e todos seus rompantes críticos;

etc. Opções não faltam.
Há vários feitios de pelúcia
com que abafar os estalidos
da máquina feroz e lúcida

cuja ocupação principal
consiste — é a impressão que fica —
em transformar toda a existência
numa contagem regressiva.

E no entanto, uma vez provado
esse fatal óleo de rícino,
o paladar rejeita os néctares
e as ambrosias, por ridículos,

por mais que saiba e reconheça
o quanto é ruim o sabor,
e não por gostar do que é mau
e procurar sempre o pior,

mas sim por ter compreendido
esta inesquecível lição:
mais dura a delícia que sabe
a sua própria anulação.

II

A dor do fim
contamina o momento anterior
e dele passa ao instante antes,

e sendo assim
o que era um só ponto final de dor
vira uma sucessão de instantes

sempre a doer,
a andar pra trás, de dor em dor, chegando
ao início de tudo, enfim,

sem entender
como pode um começo doer tanto
quanto (se não for mais que) um fim.

III

O fim nos acena
com um gesto discreto:
um pouco de pena
e escárnio secreto.

Mas não, ainda é cedo —
dizemos, com um ríctus
de explícito medo
(embora convictos

de que não seria
a nós destinado
bilhete premiado
de tal loteria).

PARA UM MONUMENTO AO ANTIDEPRESSIVO

Um pequeno sol de bolso
que não propriamente ilumina
mas durante seu percurso
dissipa a espessa neblina

que impede o outro sol, importátil,
de revelar sem distorção
dura, doída, suportável,
a humana condição.

SETE PEÇAS ACADÊMICAS

I

Isto, também, não é uma solução.
Não chega a ser sequer uma promessa.
Desesperar está fora de questão,

porém: por mais inútil que pareça,
é necessário prosseguir. O jeito
é continuar a procurar a peça

que encaixe certo no lugar perfeito,
ocupando o ponto vazio do esquema —
se o esquema foi entendido direito,

pressupondo-se também que o dilema
foi bem equacionado matematica-
mente. Porém resta ainda um problema:

mesmo que seja correta a temática,
e se a linguagem for apenas fática?

II

Não há nada lá fora?
Nem mesmo a idéia de um lá-fora?
Não será possível,
ou sequer concebível,
o ir-embora?

Pode-se ficar dentro?
Não? Também não há um cá-dentro?
Será ilusão
acreditar então
que saio e entro?

Perdão se sou existente
— perdão! quis dizer "insistente" —,
mas não há um lugar
onde se possa estar,
mesmo que ausente?

III

Quantum mechanics notwithstanding
one cannot help but be
in just one place at a given time,
in all probability.

Though particle and wave prove both
acceptable to light,
all shadow-casting bodies must
distinguish dark from bright.

No truth but can be pried away
by Archimedes' lever —
for which no fulcrum can be found.
Not anywhere. Not ever.

IV

Duas idéias quase opostas
se cristalizam e se aninham
dentro de um mesmo espaço exíguo,
uma de frente, outra de costas.
Se estranham, mas não se engalfinham.
Resultam no nada ou no ambíguo?
Messieurs, façam suas apostas.

V

A coisa-em-si foi descoberta.
Epistemólogos em festa.
Toda certeza agora é certa,
e não há mais nenhuma fresta,
nenhuma porta não aberta.

Jogado fora o que não presta,
não cabe, não diz, não acerta,
o mundo é tudo que nos resta,
é tudo que se nos oferta:
uma infinita e dura aresta.

VI

Por mais que se fale ou pense ou
escreva, eis o veredicto:
sobre o que não há de ser dito
deve-se guardar silêncio.

Ser, não-ser, devir, dasein,
ser-pra-morte, ser-no-mundo:
Valei-me, são Wittgenstein,
neste brejo escuro e fundo
sede minha ponte pênsil,
escutai o meu não-grito:
pois quando não há o que ser dito
deve-se guardar silêncio.

VII

Mas isto também é ser —
isto que está acontecendo.
Aliás, mais que tudo, isto.

Dito isso, o que dizer
que não mero suplemento
ao tudo já dito e escrito?

(No entanto, como conter
o impulso fraudulento
de acrescentar um asterisco

e num escuso rodapé
murmurar entredentes:
penso, portanto rabisco?)

CINCO SONETETOS TRÁGICOS

I

Começar pelas bordas, sim, é claro,
ainda que a meta seja o centro.
Seguir um método, estratégias, sempre.
Não confundir hipóteses com fatos,

e acima de tudo seguir em frente
sem olhar pra trás. (Em caso de dúvida
consulte o manual. Não seja estúpido.)

II

Então o que sou é o que digo?
Não há nada por trás desta voz?
Então não há ninguém comigo
quando eu e ela estamos sós?

Dá uma vertigem, uma pontada
um pouquinho abaixo do umbigo,
por dez segundos, e mais nada.

III

Cheguei. Tarde, talvez, mas não tarde demais.
Trazendo aquela tralha toda, parecida
com tudo aquilo que você já tem, aliás.
Como era de se esperar. O forte da vida

não é a originalidade. Eu não me iludo.
Abre essa porta. Frente ou fundos, tanto faz.
Abre depressa, antes que desabe tudo.

IV

Círculos dentro de círculos,
até um ponto final.
Cada palavra é igual,
todos os gestos ridículos,

os silêncios todos grávidos
de gritos surdos e ávidos.
O inferno em fáceis fascículos.

V

Acordar e entender (sem alívio)
que esta noite de sono manteve
cada objeto onde ele sempre esteve,
inclusive você, inclusive o

incansável desejo impossível
de não ser outra coisa senão
inconsciência e escuridão.

SONG WITHOUT MUSIC

Beware of butterflies,
of gorgeous tawdry things that crumble into dust
at the most loving touch. Put not your trust
in such beauty as flits and turns
in weightless mindless bliss
and, shorn of wings, proves a worm.

Beware of rainbows,
their technicolor splendor, brash harbingers
of joy that couldn't ever come about
and you're most likely better off without
anyway. One might as soon
trust flesh to guardian worms.

Beware of stars and moons
and pregnant silences that linger on
and on till word or daylight come
and all is gone that seemed so much
more than what could only be
that trusty worm, reality.

CREPUSCULAR

1.

Chegamos tarde. (Era sempre maio,
sempre madrugada. Tudo era turvo.
Éramos em bando. Por medo. Ou tédio.

Havia um lobo à solta na cidade
aberta, e uma loucura provisória
era a nossa premissa, nossa promessa.

Era preciso estar o tempo todo
atento, em transe, em trânsito, no assédio
a um ou outro flanco do lobo,

fugindo de junho, perseguindo o agora,
correndo o risco de ser só um rascunho.
Éramos em branco. Por um triz. Por ora.)

2.

Chegamos tarde, é claro. Como todos.
Chegamos tarde, e nosso tempo é pouco,
o tempo exato de dizer: é tarde.

Todas as sílabas imagináveis
soaram. Nada ficou por cantar,
nem mesmo o não-ter-mais-o-que-cantar,

o não-poder-cantar, já tão cantado
que se estiolou no infinito banal
de espelhos frente a frente a refletir-se,

restando da palavra só o resumo
da pálida intenção, indisfarçada,
de não dizer, dizendo, coisa alguma.

3.

E assim, os delicados desesperam
do imperativo de concatenar
nomes e coisas, como se o perigo

vivesse num vestígio do sentido,
na derradeira pedra sobre pedra
de um prédio alvo de atentados tantos,

e negam mesmo a possibilidade
de não negar tudo — sem se dar conta
de que, se fosse à vera a negação

e nela houvesse fundo e coerência,
não haveria língua em que a expressar
que não a algaravia do silêncio.

4.

Dúvida, porém, não há: língua é língua,
e clavicórdio, clavicórdio é.
Assim como a canção do clavicórdio

não é a mesma música do vento,
e o vento não é pássaro ou cigarra
que canta, sem que o saiba, o verão,

palavra é mais que o babujar do vento,
que o monocórdio de cigarra ou pássaro,
mais mesmo que o mais sábio clavicórdio.

Mais mágica que música, afinal,
a inflacionar o mundo de fantasmas.
Desses fantasmas se faz o real.

5.

Toda palavra já foi dita. Isso é
sabido. E há que ser dita outra vez.
E outra. E cada vez é outra. E a mesma.

Nenhum de nós vai reinventar a roda.
E no entanto cada um a re-
inventa, para si. E roda. E canta.

Chegamos muito tarde, e não provamos
o doce absinto e ópio dos começos.
E no entanto, chegada a nossa vez,

recomeçamos. Palavras tardias,
mas com vertiginosa lucidez —
o ácido saber de nossos dias.

6.

No fim de tudo, restam as palavras.
Na solidão do corpo, no saber-se
apenas pasto para o esquecimento,

há sempre a semente de alguma ilíada
mínima, promessa de permanência
no mármore etéreo de uma sílaba,

mesmo sendo mero sopro, captado
na frágil arquitetura do papel,
alvenaria de ar. Restará

a palavra que deixarmos no fim da
nossa história. Que a julguem os outros,
que chegarão depois. Mais tarde ainda.

EPÍLOGO

Finda a leitura, o livro está completo
em sua solidão mais-que-perfeita
de couro falso e íntimo papel.

Lá fora, o mundo segue, arquitetando
as mesmas contingências costumeiras
que nunca esbarram numa irrefutável

conclusão que se possa resumir
em três letras letais, inalienáveis.
Que paz será possível nessa selva

sem índices, prefácios, rodapés?
indaga, da estante mais excelsa,
o livro. Porém nada disso importa,

se todas as dúvidas se dissipam,
com tudo o mais, quando o bibliotecário
apaga as luzes, sai e tranca a porta.

NOTA SOBRE A PUBLICAÇÃO DOS POEMAS

Alguns poemas incluídos neste livro foram publicados anteriormente:

A série "Uma doença", "Noturno com ar-condicionado" e "Gazel". *Piauí* 3, dezembro de 2006, pp. 40-1.

"Poema de Natal". Caderno 2, *O Estado de S.Paulo*, 25 de dezembro de 2006.

"Ossos do ofício". *Plástico Bolha* (jornal dos alunos de Letras da PUC-Rio), maio de 2007.

"Crepuscular". *Sibila* 6 (11), novembro de 2006, pp. 94-9.

"Epílogo". *Piauí* online, http://www.revistapiaui.com.br/2006/dez/docs/pdf/poesia_inedita.pdf. Consulta em 8/12/2006.

Os poemas da série "Quatro autotraduções" são traduções feitas pelo próprio autor de poemas publicados em livros anteriores:

"Soneto sentimental". Tradução de "You call this love? This waste of time and sperm", primeiro poema da série "Dois sonetos sentimentais". Incluído em *Mínima lírica*. Coleção Claro Enigma. São Paulo: Livraria Duas Cidades, 1989.

"Summer sonettino". Tradução de "Sonetilho de verão". Incluído em *Trovar claro*. São Paulo: Companhia das Letras, 1997.

"Tercina". Tradução de "A world, a will, an eye, a hand", segundo poema da série "Três tercinas". Incluído em *Macau*. São Paulo: Companhia das Letras, 2003.

"Soneto simétrico". Tradução de "Surprised by what? Not necessarily", quinto poema da série "Sete sonetos simétricos". Incluído em *Macau*. São Paulo: Companhia das Letras, 2003.

ESTA OBRA FOI COMPOSTA PELO ACQUA ESTÚDIO EM
AGARAMOND E FOI IMPRESSA PELA GEOGRÁFICA EM OFSETE
SOBRE PAPEL PÓLEN BOLD DA SUZANO PAPEL E CELULOSE
PARA A EDITORA SCHWARCZ EM JUNHO DE 2007